# WICCA
## GUIA RÁPIDO
## PARA PRATICANTES

Um guia com informações essenciais para qualquer ritual e feitiço

## Jasmine Cooke

Wicca - Guia Rápido para Praticantes: Um Guia com Informações Essenciais para Qualquer Ritual e Feitiço © 2020 por Jasmine Cooke. Todos os direitos reservados. Nenhuma parte deste livro pode ser usada ou reproduzida de qualquer forma, incluindo o uso na internet, sem autorização por escrito da editora, exceto no caso de citações breves incorporadas em artigos críticos e resenhas.

ISBN: 978-1-7770364-2-3 (Capa Comum)
ISBN: 978-1-7770364-5-4 (E-book)

Primeira Edição 2020

Publicado por Leirbag Press, um selo de Virgo Publishers.
contato@virgopublishers.com

# CONTEÚDO

INTRODUÇÃO — 5

AMIZADE — 7

AMOR — 11

CASAMENTO — 15

ATRAÇÃO SEXUAL — 19

GRAVIDEZ — 23

MENSAGEM / CONTATO — 27

SAÚDE / CURA — 31

PROTEÇÃO — 35

PURIFICAÇÃO — 39

INIMIGOS — 43

SONHO LÚCIDO 47

ADIVINHAÇÃO 51

DINHEIRO 55

SORTE E SUCESSO 59

BELEZA 63

APÊNDICE: FEITIÇOS DE DINHEIRO E AMOR 67

# INTRODUÇÃO

Sempre quando precisamos criar um novo ritual ou feitiço, nos deparamos com algumas dúvidas, como qual o incenso adequado, a cor da vela, quais ervas possuem os efeitos desejados, etc. Pensando nisso, preparei este guia que tem como objetivo eliminar todas essas dúvidas de forma rápida e prática.

Wicca - Guia Rápido para Praticantes está dividido em áreas, como amizade, amor, casamento, etc. Cada uma dessas áreas apresenta as seguintes informações relevantes: os espíritos que podem nos ajudar, astrologia, itens para rituais e feitiços, mantra e cartas de Tarot. Todas essas informações podem ser utilizadas em trabalhos mágicos. Ainda forneço uma sugestão sobre como você deve proceder para alcançar o resultado desejado. Por fim, no Apêndice, você encontra dois feitiços exclusivos de dinheiro e amor, preparados especialmente para você.

Espero que você praticante de Wicca encontre neste livro as respostas necessárias para iniciar ou dar continuidade a sua magia de forma prática, mas também eficiente.

# AMIZADE

## Espíritos Que Podem Ajudar

| Espírito | Título | Incenso |
|---|---|---|
| Zeus | Deus | Olíbano, Musgo de Carvalho, Verbena, Sálvia |
| Raguel | Arcanjo | Ylang-Ylang, Magnólia |
| Mihr | Anjo | Olíbano |
| Aamon | Demônio (Marquês) | Jasmim |

## Astrologia

| Planeta | Dia da Semana | Cor |
|---------|---------------|-----|
| Vênus | Sexta | Azul Celeste |

## Itens para Rituais e Feitiços

- ❖ Vela rosa
- ❖ Incenso: Olíbano, Canela, Jasmim
- ❖ Mel
- ❖ Alecrim
- ❖ Flor de Ervilha Doce

## Mantra

*Om Hraum Mitraya Namaha*
*Om Eim Saraswatiyei Namaha*
*Om Eim Saraswatiyei Namaha*

### Tradução

*Que a luz da amizade brilhe por todo o meu ser, atraindo para mim pessoas dignas.*

## Cartas de Tarot

- ❖ Três de Copas
- ❖ Seis de Copas

## Sugestões

Reconciliar uma amizade exige tempo e paciência. Não tente apressar as coisas lançando vários feitiços ou trabalhando com vários espíritos ao mesmo tempo. Tenha fé no seu trabalho mágico e aguarde os resultados aparecerem. Minha sugestão é que você trabalhe com Aamon, pois este demônio tem a capacidade de causar a amizade entre pessoas. Além do que, demônios são conhecidos por serem espíritos mais fáceis de se trabalhar.

# AMOR

## Espíritos Que Podem Ajudar

| Espírito | Título | Incenso |
|---|---|---|
| Freya | Deusa | Nag Champa, Sândalo, Hortelã |
| Afrodite | Deusa | Rosa, Olíbano, Mirra, Baunilha, Canela, Cipreste |
| Eros | Deus | Rosa, Murta |
| Hator | Deusa | Mirra, Canela |

## Astrologia

| Planeta | Dia da Semana | Cor |
|---------|---------------|-----|
| Vênus | Sexta | Azul Celeste |

## Itens para Rituais e Feitiços

- ❖ Velas: rosa, vermelha
- ❖ Essência e pétalas de rosas
- ❖ Incenso: Rosa, Lavanda, Jasmim, Morango
- ❖ Maçã, morango
- ❖ Cravo, canela
- ❖ Açúcar, mel
- ❖ Hidromel
- ❖ Vinho rosé

## Mantra

*Que o amor puro e verdadeiro surja em minha vida. Que eu possa amar e ser amado.*

## Cartas de Tarot

- ❖ Os Enamorados
- ❖ Dois de Copas

## Sugestões

O amor é um sentimento puro que surge espontaneamente entre duas pessoas. Não é correto tentar forçar alguém a nos amar. Portanto, procure sempre atrair amor verdadeiro, o amor correspondido. Uma opção é se trabalhar com Afrodite em uma sexta-feira, porque ela também é conhecida como a deusa Vênus, especialista em questões amorosas.

# CASAMENTO

## Espíritos Que Podem Ajudar

| Espírito | Título | Incenso |
|---|---|---|
| Hera | Deusa | Mirra, Rosa, Jasmim, Íris, Madressilva, Patchouli |
| Isis | Deusa | Mirra, Sândalo, Olíbano |
| Frigg | Deusa | Lírio do Vale |
| Jeliel | Anjo | Benjoim |

## Astrologia

| Planeta | Dia da Semana | Cor |
|---------|---------------|-----|
| Vênus | Sexta | Azul Celeste |

## Itens para Rituais e Feitiços

- ❖ Velas: branca, rosa
- ❖ Óleo essencial de cravo
- ❖ Incenso: Sálvia, Lavanda
- ❖ Água benta
- ❖ Objetos que representam a união do casal (certidão de casamento, alianças, fotos, etc.)
- ❖ Vinho espumante ou Champanhe

## Mantra

*Om Radha Krishnaya Namaha*

### Tradução

*Saudações a Radha e Krishna.*

## Cartas de Tarot

- ❖ Os Enamorados
- ❖ Dez de Ouros
- ❖ Dez de Copas
- ❖ Quatro de Paus

## Sugestões

Se seu casamento está passando por dificuldades, é possível resolver com a ajuda da magia. Mas nunca tente forçar o outro a fazer aquilo que ele não quer. O objetivo do seu trabalho mágico deve ser sempre o de trazer paz e discernimento para o casal. Hera é uma excelente opção de espírito para se trabalhar. Ela é a rainha dos deuses gregos e representa a maternidade e família. Hera está sempre disposta a ajudar a reconciliar um casamento que passa por dificuldades.

# ATRAÇÃO SEXUAL

## Espíritos Que Podem Ajudar

| Espírito | Título | Incenso |
|---|---|---|
| Afrodite | Deusa | Rosa, Olíbano, Mirra, Baunilha, Canela, Cipreste |
| Eros | Deus | Rosa, Murta, Olíbano, Mirra, Maçã |
| Lilith | Demônio | Jasmim, Rosa |

## Astrologia

| Planeta | Dia da Semana | Cor |
|---------|---------------|-----|
| Vênus | Sexta | Azul Celeste |

## Itens para Rituais e Feitiços

- ❖ Vela vermelha
- ❖ Pimenta vermelha
- ❖ Vinho tinto
- ❖ Rosa vermelha
- ❖ Gengibre
- ❖ Roupas íntimas
- ❖ Brinquedos sexuais

## Mantra

*Om Kroom Lingaya Om*

## Cartas de Tarot

- ❖ Os Enamorados
- ❖ A Imperatriz
- ❖ Ás de Paus
- ❖ O Diabo

## Sugestões

Magia sexual é muito poderosa e pode atrair parceiros sexuais para a sua vida ou melhorar o seu relacionamento atual. Uma dica para potencializar o efeito desse tipo de magia é se masturbar durante o ritual, mas sempre tendo em mente que este é um ato sagrado. Se você for homem, também pode utilizar o seu sêmen como oferenda ao espírito que se está trabalhando.

# GRAVIDEZ

## Espíritos Que Podem Ajudar

| Espírito | Título | Incenso |
|---|---|---|
| Hera | Deusa | Mirra, Rosa, Jasmim, Íris, Madressilva, Patchouli |
| Isis | Deusa | Mirra, Sândalo, Olíbano |
| Taweret | Deusa | Olíbano, Mirra |
| Freya | Deusa | Nag Champa, Sândalo, Hortelã |

| Frigg | Deusa | Lírio do Vale |

## Astrologia

| Planeta | Dia da Semana | Cor |
|---------|---------------|-----|
| Lua | Segunda | Prata |

## Itens para Rituais e Feitiços

- ❖ Vela verde

- ❖ Incenso: Maçã, Floral, Jasmim, Calêndula, Framboesa, Rosa Vermelha

- ❖ Cristais: Pedra da Lua, Cornalina, Quartzo Rosa, Fluorita

- ❖ Óleos essenciais: Gerânio, Lavanda, Rosa

## Mantra

*Om Devki-sut Govind Vasudev Jagatpate*
*Dehi Me Tanyam Krishna Twamham Sharnam Gateh*

### Tradução

*Ó Filho de Devaki e Vasudeva, o Senhor do Universo.*

*Ó Krishna! Me dê um filho. Eu me refugio em você.*

## Cartas de Tarot

- ❖ A Imperatriz
- ❖ O Sol
- ❖ Ás de Paus
- ❖ Ás de Copas
- ❖ Valete de Copas

## Sugestões

Prepare um ritual para ser realizado em uma noite de lua cheia. Se for possível, o faça ao ar livre em um dia em que a Lua esteja visível no céu. Se você possui um companheiro e está tentando engravidar dele, pode ser uma boa opção incluir magia sexual no ritual.

# MENSAGEM / CONTATO

## Espíritos Que Podem Ajudar

| Espírito | Título | Incenso |
|---|---|---|
| Hermes | Deus | Cânfora, Mirra, Açafrão, Sangue de Dragão |
| Iris | Deusa | Íris, Violeta, Lavanda, Mirra |
| Exú | Orixá (divindade africana) | Pitanga, Melancia, Pimenta |
| Gabriel | Arcanjo | Sândalo Branco, Ginseng, Cânfora |

## Astrologia

| Planeta | Dia da Semana | Cor |
|---------|---------------|-----|
| Mercúrio | Quarta | Roxo |

## Itens para Rituais e Feitiços

- ❖ Incenso de qualquer tipo (a fumaça do incenso representa o elemento ar que levará sua mensagem até seu alvo)
- ❖ Objetos que representam comunicação
- ❖ Foto da pessoa

## Mantra

*[Nome da pessoa] entrará em contato comigo o mais breve possível. Conversaremos em paz e resolveremos todas as pendências que existem entre nós.*

## Cartas de Tarot

- ❖ Todos os Valetes (copas, espadas, ouros, paus)

❖ Oito de Paus

## Sugestões

As vezes não é possível entrar em contato diretamente com alguém que precisamos conversar. Neste caso, a magia pode nos ajudar a convencer alguém a entrar em contato com a gente. Utilize o elemento ar para levar sua mensagem até a pessoa que você deseja se comunicar. Seja claro em sua mensagem e peça para que ela o contate o mais rapidamente possível.

# SAÚDE / CURA

## Espíritos Que Podem Ajudar

| Espírito | Título | Incenso |
|---|---|---|
| Apolo | Deus | Cipreste, Cravo, Canela, Artemísia |
| Omolú | Orixá (divindade africana) | Cânfora, Violeta, Dama da Noite, Café |
| Aladiah | Anjo | Lavanda |
| Mitzrael | Anjo | Hortelã |
| Anauel | Anjo | Eucalipto |

## Astrologia

| Planeta | Dia da Semana | Cor |
|---------|---------------|-----|
| Sol | Domingo | Amarelo |

## Itens para Rituais e Feitiços

- ❖ Velas: vermelha, verde, azul
- ❖ Cristais: Ametista, Quartzo
- ❖ Luz violeta
- ❖ Incenso: Sálvia, Sândalo, Olíbano

## Mantra

*Om Tryambakam Yajamahe*
*Sugandhim Pushti Vardhanam*
*Urva Rukamiva Bandhanan*
*Mrityor Mukshiya Mamritat*

### Tradução

*Adoremos o Senhor Shiva, quem é sagrado e nutre todos os seres. Do mesmo modo como um pepino maduro se solta do ramo que está ligado tão logo amadureça, que sejamos liberados da morte (do corpo mortal), nos sendo concedido a realização da natureza imortal.*

## Cartas de Tarot

- ❖ O Sol
- ❖ A Força
- ❖ O Mago
- ❖ O Louco
- ❖ O Imperador
- ❖ A Imperatriz

## Sugestões

Sempre procure a ajuda de um médico para qualquer problema de saúde. As ajudas espirituais devem ser utilizadas em conjunto com os tratamentos médicos convencionais. Dito isso, você pode fazer um ritual de energização com Ametista, aliado a um ambiente iluminado com luz violeta, enquanto você mentaliza seu corpo envolto por chamas de luz violeta. Esta combinação é realmente poderosa.

# PROTEÇÃO

## Espíritos Que Podem Ajudar

| Espírito | Título | Incenso |
|---|---|---|
| Zeus | Deus | Olíbano, Musgo de Carvalho, Verbena, Sálvia |
| Odin | Deus | Sangue de Dragão, Pinho, Sândalo |
| Miguel | Arcanjo | Incenso de São Miguel Arcanjo |
| Lúcifer | Rei, Imperador, Príncipe | Sândalo, Lavanda, Cedro |

## Astrologia

| Planeta | Dia da Semana | Cor |
|---------|---------------|-----|
| Saturno | Sábado | Preto |

## Itens para Rituais e Feitiços

- Vela preta
- Incenso: Mirra, Sete Ervas, Citronela, Sangue de Dragão
- Alho, pimenta
- Plantas: Alecrim, Arruda, Comigo-ninguém-pode, Espada de São Jorge

## Mantra

*Aad Guray Nameh*
*Jugaad Guray Nameh*
*Sat Guray Nameh*
*Siri Guroo Dayvay Nameh*

### Tradução

*Eu reverencio o Guru.*
*Eu reverencio o Guru de todas as eras.*

*Eu reverencio o Verdadeiro Guru.*
*Eu reverencio o Grande Guru Invisível.*

## Cartas de Tarot

- ❖ O Hierofante
- ❖ A Estrela
- ❖ A Suma Sacerdotisa

## Sugestões

Para atrair proteção para sua vida, você pode contar com a ajuda de um dos poderosos espíritos listados no início deste capítulo, aliado a um banho de ervas protetoras como a Espada de São Jorge.

# PURIFICAÇÃO

## Espíritos Que Podem Ajudar

| Espírito | Título | Incenso |
|---|---|---|
| Hefesto | Deus | Olíbano, Sangue de Dragão, Pinho |
| Apolo | Deus | Cipreste, Cravo, Canela, Artemísia |
| Loki | Deus | Sangue de Dragão, Pimenta |
| Baldur | Deus | Canela, Olíbano |
| Miguel | Arcanjo | Incenso de São Miguel Arcanjo |

## Astrologia

| Planeta | Dia da Semana | Cor |
|---------|---------------|-----|
| Sol | Domingo | Amarelo |

## Itens para Rituais e Feitiços

- ❖ Velas: branca, cinza, preta
- ❖ Incenso: Mirra, Sândalo, Hortelã-pimenta
- ❖ Ervas: Guiné, Manjericão, Pimenta
- ❖ Sal grosso

## Mantra

*Om Gam Ganapataye Namaha*

### Tradução

*Saudações ao Removedor de Obstáculos.*

## Cartas de Tarot

- ❖ A Morte

❖ A Torre

## Sugestões

Todos os espíritos citados neste capítulo são regentes do fogo ou tem o fogo como seu elemento. Portanto, é uma ótima ideia utilizar o fogo para purificar qualquer ambiente ou a sua vida. Mas essa purificação acontece mentalmente, visualizando o elemento fogo expandindo e purificando todo o espaço. JAMAIS coloque fogo em qualquer material ou objeto.

# INIMIGOS

## Espíritos Que Podem Ajudar

| Espírito | Título | Incenso |
|---|---|---|
| Odin | Deus | Sangue de Dragão, Pinho, Sândalo |
| Miguel | Arcanjo | Incenso de São Miguel Arcanjo |
| Nelchael | Anjo | Lavanda |
| Hahahel | Anjo | Camomila |
| Malphas | Demônio (Príncipe) | Estoraque |
| Haures | Demônio (Duque) | Sândalo |

## Astrologia

| Planeta | Dia da Semana | Cor |
|---------|---------------|-----|
| Saturno | Sábado | Preto |

## Itens para Rituais e Feitiços

- ❖ Vela preta
- ❖ Incenso: Olíbano, São Miguel, Eucalipto
- ❖ Água benta
- ❖ Sal grosso
- ❖ Foto do inimigo

## Mantra

*Om Hleem Baglamukhi Sarwdushtanam Wacham Mukham Padam Stambhay Jihwa Kilay Buddhi Vinashay Hleem Om Swaha*

### Tradução

*Deusa, interrompa a fala e pare os pés dos meus inimigos. Destrua o intelecto deles.*

## Cartas de Tarot

- ❖ O Carro
- ❖ Cinco de Espadas

## Sugestões

Faça um ritual de banimento com a foto do inimigo pedindo para que ele se afaste completamente da sua vida. Por último, queime a foto utilizando a chama de uma vela preta.

# SONHO LÚCIDO

## Espíritos Que Podem Ajudar

| Espírito | Título | Incenso |
|---|---|---|
| Hecate | Deusa | Mirra, Romã, Artemísia, Canela, Papoila |
| Hahahiah | Anjo | Alecrim, Lavanda |
| Lauviah | Anjo | Benjoim |

## Astrologia

| Planeta | Dia da Semana | Cor |
|---|---|---|
| Netuno | Não tem | Preto |

Nota: Netuno é sem dúvidas o planeta responsável pelos sonhos, intuição e sensibilidade psíquica, porém, ele não é um dos sete planetas principais que regem nossas vidas devido a sua distância da Terra. Portanto, ele não possui um dia da semana na qual ele governa.

## Itens para Rituais e Feitiços

- ❖ Vela prateada
- ❖ Incenso: Jasmim, Ópio, Artemísia, Rosa
- ❖ Cristais
- ❖ Óleos essenciais: Rosa, Sândalo, Patchouli, Cravo, Anis, Alecrim, Cedro, Artemísia

## Mantra

*Da próxima vez em que eu sonhar, lembrarei que estou sonhando.*

## Cartas de Tarot

- ❖ Ás de Espadas
- ❖ Rei de Espadas

## Sugestões

Antes de se deitar para dormir, acenda um dos incensos listados neste capítulo. Em seguida, deite-se na cama em uma posição confortável e comece a entoar o mantra até que você pegue no sono.

IMPORTANTE: Coloque o incenso dentro de um recipiente apropriado à prova de fogo. Mantenha o local ventilado com a janela aberta.

# ADIVINHAÇÃO

## Espíritos Que Podem Ajudar

| Espírito | Título | Incenso |
|---|---|---|
| Hecate | Deusa | Mirra, Romã, Artemísia, Canela, Papoila |
| Apolo | Deus | Cipreste, Cravo, Canela, Artemísia |
| Hermes | Deus | Cânfora, Mirra, Açafrão, Sangue de Dragão, Cravo |
| Isis | Deusa | Mirra, Sândalo, Olíbano |

## Astrologia

| Planeta | Dia da Semana | Cor |
|---------|---------------|-----|
| Netuno  | Não tem       | Preto |

Nota: Netuno é sem dúvidas o planeta responsável pelos sonhos, intuição e sensibilidade psíquica, porém, ele não é um dos sete planetas principais que regem nossas vidas devido a sua distância da Terra. Portanto, ele não possui um dia da semana na qual ele governa.

## Itens para Rituais e Feitiços

- ❖ Incenso: Cânfora, Jasmim, Artemísia, Rosa
- ❖ Objetos que refletem: espelho negro, tigela com água, bola de cristal
- ❖ Tarot, Lenormand, Baralho Cigano
- ❖ Runas, moedas

## Mantra

*Ong Namo Guru Dev Namo*

**Tradução**

*Eu me curvo à Inteligência Infinita e Sabedoria Criativa.
Me curvo ao Divino Mestre interior.*

## Cartas de Tarot

- ❖ A Suma Sacerdotisa
- ❖ A Lua
- ❖ Ás de Copas
- ❖ Quatro de Copas
- ❖ Ás de Espadas

## Sugestões

Advinhação requer habilidades naturais psíquicas ou o completo domínio das ferramentas de advinhação, como o Tarot, por exemplo. Experimente o

Lenormand, que é um baralho com uma curva de aprendizado menor que a do Tarot.

# DINHEIRO

## Espíritos Que Podem Ajudar

| Espírito | Título | Incenso |
|---|---|---|
| Hades | Deus | Olíbano, Cipreste, Narciso, Hortelã, Romã, Patchouli, Mirra |
| Njord | Deus | Cedro, Verbena |
| Bune | Demônio (Duque) | Sândalo |
| Seere | Demônio (Príncipe) | Cedro |

## Astrologia

| Planeta | Dia da Semana | Cor |
|---------|---------------|-----|
| Júpiter | Quinta | Azul |

## Itens para Rituais e Feitiços

- ❖ Vela verde
- ❖ Incenso: Canela, Cravo, Patchouli, Jasmim, Vetiver, Baunilha, Pinho, Açafrão, Cardamomo
- ❖ Plantas: Dinheiro em Penca, Trevo

## Mantra

*Om Shreem Mahalakshmiyei Namaha*

### Tradução

*Saudações a grande Lakshmi. Que você derrame suas bênçãos sobre mim.*

## Cartas de Tarot

- ❖ Dez de Ouros
- ❖ Seis de Paus
- ❖ Nove de Ouros
- ❖ Ás de Ouros
- ❖ A Roda da Fortuna

## Sugestões

Quando queremos atrair mais dinheiro para nossa vida é necessário que haja uma fonte de onde o dinheiro virá. Então, sempre foque em coisas concretas, como aumento de salário, um emprego melhor, aumento das vendas da sua empresa, etc. Pedir mais dinheiro sem especificar como isso deverá ocorrer, pode resultar em consequências indesejáveis.

# SORTE E SUCESSO

## Espíritos Que Podem Ajudar

| Espírito | Título | Incenso |
|---|---|---|
| Tique | Deusa | Olíbano |
| Ganesh | Deus | Calêndula, Jasmim, Erva-cidreira |
| Lelahel | Anjo | Rosas |
| Lehahiah | Anjo | Alecrim |
| Yelaiah | Anjo | Erva-doce |
| Bune | Demônio (Duque) | Sândalo |

## Astrologia

| Planeta | Dia da Semana | Cor |
|---------|---------------|-----|
| Júpiter | Quinta        | Azul |

## Itens para Rituais e Feitiços

- ❖ Vela verde
- ❖ Incenso: Limão, Baunilha, Santo Expedito, Lavanda
- ❖ Ervas: Orégano, Hortelã, Patchouli, Manjericão, Louro

## Mantra

*Chig Du Drol Chon Nu Nyid Chang Dam Pei Ne*

### Tradução

*Grande Espírito dos Oito Destinos, dê-me a Quintessência da Sorte Infinita.*

## Cartas de Tarot

- ❖ Ás de Ouros
- ❖ Ás de Copas
- ❖ O Sol
- ❖ O Mundo
- ❖ A Estrela

## Sugestões

A primeira coisa a se fazer para atrair sorte e sucesso é eliminar os obstáculos da sua vida. Portanto, comece por fazer um ritual de purificação a fim de se livrar de todas as influências negativas. Em uma quinta-feira — dia de Júpiter — prepare um banho com as ervas listadas neste capítulo para atrair sorte e sucesso em todas as áreas.

# BELEZA

## Espíritos Que Podem Ajudar

| Espírito | Título | Incenso |
|---|---|---|
| Freya | Deusa | Nag Champa, Sândalo, Hortelã |
| Afrodite | Deusa | Rosa, Olíbano, Mirra, Baunilha, Canela, Cipreste |
| Hator | Deusa | Mirra, Canela |
| Jophiel | Arcanjo | Cravo |

## Astrologia

| Planeta | Dia da Semana | Cor |
|---------|---------------|-----|
| Vênus | Sexta | Azul Celeste |

## Itens para Rituais e Feitiços

- ❖ Vela rosa
- ❖ Incenso de Lavanda
- ❖ Pétalas de rosa cor de rosa
- ❖ Vinho rosé

## Mantra

*Om Padma Sundharyei Namaha*

### Tradução

*Om e saudações para Ela que personifica a beleza.*

## Cartas de Tarot

- ❖ O Sol

- ❖ A Estrela
- ❖ A Imperatriz

## Sugestões

Prepare um banho com pétalas de rosa e ilumine o ambiente com velas de cor rosa. Escreva uma conjuração chamando por Afrodite e a recite durante o banho de beleza. Realize este ritual em uma sexta-feira, o dia de Vênus.

# APÊNDICE: FEITIÇOS DE DINHEIRO E AMOR

## Dinheiro

Neste feitiço vamos trabalhar com o deus Hades, portanto, todos os itens utilizados são parte da natureza de Hades. Por isso que ao invés de utilizarmos uma vela verde, vamos utilizar uma vela preta.

Você vai precisar de:

- ❖ Uma vela preta
- ❖ Uma garrafa de vinho
- ❖ Folhas de hortelã
- ❖ Incenso: Hortelã, Romã ou Mirra

❖ Um prato ou pires

Este feitiço deve ser realizado sobre o solo. Não ignore este detalhe.

1 - Coloque a vela no meio do prato e as folhas de hortelã ao redor da vela.

2 - Acenda o incenso e chame pelo nome de Hades por aproximadamente três minutos.

3 - Acenda a vela preta e, em seguida, derrame um pouco do vinho na terra.

4 - Faça seus pedidos a Hades de forma clara e direta. Repita por três vezes.

5 - Derrame mais um pouco do vinho na terra e agradeça a Hades por ter recebido seus pedidos.

*Deixe a vela e o incenso queimarem até o fim.

*Não há necessidade de utilizar todo o vinho da garrafa. O vinho que sobrar, você pode consumir normalmente.

## **Amor**

Não é do meu feitio ensinar feitiços para manipular alguém. Mas como eu sei que a maioria das pessoas que procuram por feitiços de "amor" desejam atrair uma pessoa específica, resolvi colocar neste livro uma forma de alcançar este objetivo.

Você vai precisar de:

- Uma vela vermelha
- Incenso de Jasmim
- Uma maçã e alguns morangos
- Pétalas de rosas vermelhas
- Uma garrafa de vinho tinto
- Um copo de vidro
- Papel em branco
- Caneta vermelha

Este feitiço deve ser realizado entre 3:00 e 4:00 da madrugada.

1 - Em um pedaço de papel em branco, escreva exatamente o que você deseja que aconteça entre você e a

pessoa amada, incluindo o seu nome e o nome dele(a).

2 - Coloque a vela no centro do prato e o decore com as pétalas de rosas, morangos e maçã.

3 - Posicione o copo e a garrafa de vinho na frente do prato. Deixe a garrafa aberta para facilitar o processo.

4 - Acenda o incenso e chame pelo nome de Lilith por aproximadamente três minutos.

5 - Continue a chamar por Lilith enquanto acende a vela vermelha.

6 - Coloque um pouco do vinho no copo e ofereça a Lilith.

7 - Peça para Lilith exatamente o que você escreveu no papel. Faça isso por três vezes. Em seguida, queime o papel na chama da vela.

8 - Agradeça a presença de Lilith e permaneça em silêncio por alguns minutos contemplando o seu trabalho.

*Deixe a vela e o incenso queimarem até o fim.

*O vinho que sobrar na garrafa pode ser consumido normalmente.

www.ingramcontent.com/pod-product-compliance
Lightning Source LLC
Chambersburg PA
CBHW070050120526
**44589CB00034B/1842**